AF313329

Collection de feu M. EUGÈNE GRESY

MEMBRE DE LA SOCIÉTÉ DES ANTIQUAIRES DE FRANCE,

CORRESPONDANT DU MINISTÈRE ▬▬ POUR LES TRAVAUX HISTORIQUES.

MINIATURES DU XVᵉ SIÈCLE

TABLEAUX ANCIENS

DESSINS

ESTAMPES

COLLECTION DES PLUS INTÉRESSANTES

SUR LE DÉPARTEMENT DE

SEINE-ET-MARNE

VENTE les 17, 18 & 19 Février 1868

EXPOSITION PUBLIQUE

Le Dimanche 16 Février 1868, de 1 heure 1/2 à 5 heures

Mᵉ DELBERGUE-CORMONT	M. ROCHOUX
COMMⁱʳᵉ-PRISEUR	MARCHAND D'ESTAMPES

EXEMPLAIRE DE PR. DE BAUDICOUR

RENOU & MAULDE

IMPRIMEURS DE LA COMPAGNIE DES COMMISSAIRES-PRISEURS

Rue de Rivoli, 144.

Collection de feu M. Eugène GRESY

MEMBRE DE LA SOCIÉTÉ DES ANTIQUAIRES DE FRANCE
CORRESPONDANT DU MINISTÈRE ████ POUR LES TRAVAUX HISTORIQUES

MINIATURES DU XVᵉ SIÈCLE

TABLEAUX ANCIENS

DESSINS

ESTAMPES

Collection des plus intéressantes

SUR LE DÉPARTEMENT

DE

SEINE-&-MARNE

FONTAINEBLEAU, MEAUX, MELUN, etc.,

SE COMPOSANT DE :

Topographie, Pièces Historiques.

PORTRAITS

LA VENTE AURA LIEU

HOTEL DES COMMISSAIRES-PRISEURS

RUE DROUOT, 5, SALLE Nᵒ 4, AU 1ᵉʳ ÉTAGE

Les 17, 18 & 19 Février 1868, à une heure.

Mᵉ DELBERGUE-CORMONT, Commissaire-Priseur,
rue de Provence, 8,
Assisté de M. **ROCHOUX,** Marchand d'Estampes,
quai de l'Horloge, 19,
CHEZ LEQUEL SE DISTRIBUE LE CATALOGUE

EXPOSITION PUBLIQUE

Le DIMANCHE 16 Février 1868, de une heure 1/2 à cinq heures.

PARIS — 1868

ORDRE DES VACATIONS

1re VACATION. — *Le 17 Février 1868 :*

Fontainebleau	N°s 78	à 157
Meaux	158	à 280

2e VACATION. — *Le 18 Février :*

Melun	N°s 281	à 500

3e VACATION. — *Le 19 Février :*

Melun	N°s 501	à 524
Divers	525	à 549
Miniatures	1	à 7
Tableaux	8	à 38
Dessins	39	à 77

CONDITIONS DE LA VENTE

Elle sera faite au comptant.

Les Acquéreurs paieront CINQ POUR CENT en sus du prix d'adjudication.

Les pièces décrites sous un même numéro pourront être divisées.

DÉSIGNATION

MINIATURES DU XVᵉ SIÈCLE

1 Sujets formant encadrement : représentant Jésus au Jardin des Oliviers, le Baiser de Judas,
Pilate se lavant les mains, Jésus portant la Croix.
Sujet principal au milieu représentant Jésus
en Croix entre les deux Larrons ; au bas, à gauche, les saintes Femmes, et à droite, des Soldats ;
au-dessous, à gauche, Jésus descendu de la Croix,
et à droite, la mise au Tombeau. Encadrée.

2 Annonciation aux Bergers, miniature tirée d'un
manuscrit ; au-dessus la lettre O avec petit sujet représentant la Vierge agenouillée près du
corps de Jésus. Encadré.

3 Grande lettre majuscule dans laquelle on voit à
gauche un Ange visitant saint Pierre dans sa
prison ; à droite, Jésus et saint Pierre. Miniature
encadrée.

4 Quatre grandes lettres majuscules où sont re-
présentés : Création d'Eve, la sainte Trinité, la
Magdelaine au désert, Jésus en jardinier ap-
paraissant à Magdelaine. Miniatures, encadrées.

5 Lettres majuscules et bordures ornementées,
tirées de manuscrits. Miniatures encadrées.

6 David envoyant des lettres par Urie à Joab pour
le faire tuer. Miniature tirée d'un manuscrit,
encadrée.

7 Jésus descendu de la Croix. Miniature tirée d'un manuscrit, encadrée.

TABLEAUX

CHAMPAGNE (Philippe de).

8 Mère Angélique Arnault. Très-beau portrait.

CLOUET dit JANET.

9 Charles, cardinal de Lorraine, précieux portrait peint sur bois. L'on connaît la rareté des ouvrages de Clouet.

DE LA TOUR

10 Pierre-Joseph Desault, chirurgien célèbre, né en 1744, mort à Paris, le 1er juin 1795. Très-beau pastel.

ÉCOLE FRANÇAISE.

11 Peinture représentant en haut et dans le bas des attaques pour le siége de Paris sous Henri IV ; au milieu, la France, tenant une couronne et une palme ; sur cuivre. Derrière la peinture est la planche gravée par Wierix de la Vérité domptant la Mort et l'Envie.

ÉCOLE FRANÇAISE, XVIIe siècle.

12 Concert dans un parc (époque Louis XIV); composition de 10 figures : seigneurs et dames. Jolie gouache encadrée.

13 — Portrait d'un personnage du temps de Louis XIV.

14 — Portrait de Bossuet, dans un joli cadre ovale, sculpté.

15 — Portrait d'Eustache Lesueur dans un petit cadre rond.

ÉCOLE ITALIENNE.

16 Sainte Geneviève, peinture sur marbre.

FREMINET (Martin).

17 Portrait de Henri IV en pied, d'après Porbus.

LARGILLIÈRE.

18 Repas offert par la ville de Paris à l'hôtel de ville, au roi Louis XIV, après sa convalescence en 1657. Charmant petit tableau (*de la collection du duc de Choiseul*).

LÉPICIÉ.

19 Jombert père. Beau portrait.

DIVERS

20 **XVIᵉ siècle.** Portrait de jeune Femme vêtue d'un costume d'une grande richesse. Ce tableau a souffert.

21 **XVIe siècle**. Portrait de jeune Femme portant une large collerette, dans un petit cadre ovale, avec bordure en argent.

22 1644. Portrait de jeune Homme. Peinture sur cuivre, petit cadre ovale.

23 1720. G. C. de Coigny de Breauté, abbesse de Malnoue. Encadré.

24 Portrait de jeune Seigneur (époque Louis XIII, dans un petit cadre ovale à perles.

25 Portrait de jeune Femme (époque Louis XIV. Petite peinture sur cuivre, encadrée.

26 Vue ancienne de Melun.

27 Chapelle du Vivier (Seine-et-Marne), tribune d'où Charles VI entendait la messe.

28 Buste de jeune Fille.

29 Portrait de Bernard de Montfaucon, trouvé en mauvais état en juillet 1842, restauré en décembre de la même année. (*N° 14 des tableaux provenant du cabinet de M. de Montmerqué, vendus le 18 mai 1861*).

30 Un Saint en adoration devant la Vierge et l'Enfant Jésus. Petite peinture sur cuivre.

31 Portrait de jeune Fille tenant un livre, dans un beau cadre ovale sculpté.

32 Portrait de jeune Femme. Petite peinture sur cuivre ovale, encadré.

33 Portrait d'un Ecclésiastique dans un petit cadre ovale.

34 Portrait d'Homme. Petit cadre ovale avec bordure en argent.

35 Cardinal de Noailles, archevêque de Paris, dans un petit cadre ovale.

36 Portrait d'Homme (époque Louis XIV), dans un petit cadre ovale.

37 Portrait d'Homme. Petite peinture sur cuivre, encadrée.

38 Sainte Geneviève agenouillée.

DESSINS

39 **Anonymes**. Portrait de jeune Dame (époque de Henri IV). *De la collection Gault de Saint-Germain.*

40 — 1762. Perspective du château de la Ferté-Imbaut en Sologne. Un dessin.

41 — Allégorie sur la Musique. Dessin à la sanguine.

42 — Le Calice de saint Éloi. Dessin par M. Grésy, encadré.

43 — François Poncher, évêque de Paris, assisté de son patron saint François d'Assise. Un dessin encadré.

44 — Un dessin de vitrail.

45 **Bellange** (J.). Sébastien Ier. Lusitanor rex, maréchal de Monluc, cardinal du Perron, Bartholomeus Coleo. 4 dessins dans le même cadre.

46 **Boilly**. Scène de carnaval, avec grand nombre de figures. Peint à la sépia sur toile, encadré.

47 **Breughels**. Une foire de Village. Beau dessin avec grand nombre de figures.

48 **Divers**. 5 feuillets de manuscrit, ornementés, un Évangéliste, miniature. 6 pièces sur parchemin.

49 — Le château de Blandy en 1707. Belle gouache encadrée.

50 — Portrait d'un personnage du temps de Louis XIV. A plusieurs crayons.

51 Catherine de Manneville, maîtresse de Nicolas Fouquet, l'une des plus belles personnes de son temps, d'après une peinture de l'époque. Encadré.

52 — Portrait d'homme.—Portraït de femme, personnages de la famille de Rostaing. 2 dessins encadrés.

53 — Guillaume Ier et Guillaume II, Desprez, libraires et imprimeurs du roi. 2 dessins dans deux jolis cadres ovales; époque Louis XVI.

54 — Mitre de Jehan de Marigny, d'après une ancienne miniature.

55 — Saint Lié réfugié dans un arbre, d'après une ancienne miniature.

56 — 24 dessins.

57 **Dumoustier?** Le duc de Sanois.

58 — Mme de Montienant.

59 — M. de Flourange, duc de Bouillon.

60 — Mademoiselle de Givri, femme de Monsieur de *Monpancier*.

61 **Dumoustier ?** Le comte de Tonnerre. Plusieurs parties sont endommagées, dans la coiffure, et au bas dans les vêtements ; la figure est intacte.

62 **École française, XVIIe siècle**. La Foi. — Saints. 5 dessins à la sanguine.

63 **École française, XVIIIe siècle**. Vues prises à la villa Négroni, Pontemole, etc. 7 dessins.

64 **Fragonard** (Attribué à.) Personnages de comédie dansant. Un dessin.

65 **Lafosse**. Composition religieuse. Dessin à plusieurs crayons.

66 **Lantara**. Paysage à plusieurs crayons. Joli dessin.

67 **Lesueur** (L.). Vues de Charenton. 2 dessins.

68 **Maréchal ?** Vue d'un château. Jolie aquarelle.

69 **Meulen** (Vander). Le siége d'Oudenarde où le roi commande en personne en l'année 1667. Grand et beau dessin à la sanguine ; encadré.

70 — Vue de la ville de Cambrai. Très-grand et beau dessin à plusieurs crayons ; encadré.

71 **Moreau** (Louis). Maison rustique au bord de l'eau. Jolie gouache.

72 — Château de Fontaine. — Vue d'un château en ruines. 2 jolies aquarelles.

73 **Noblesse**. Vue de la ville de Tours. Grand et beau dessin.

74 **Perignon**. Porte de Gerberoy. Dessin lavé à plusieurs tons.

75 **Tiepolo** (Dominique). Sujets de la vie de Jésus-Christ. Deux grands et beaux dessins en hauteur.

76 **Vandyck** (Attribué à). Le Christ mort soutenu par la Vierge. Un dessin.

77 **Wille** (J.-G.). 1777. Partie du château de Blandy. Un dessin.

ESTAMPES

—⋘—◉—⋙—

FONTAINEBLEAU ET AUTRES LOCALITÉS

78 Henri IV guérissant les écrouelles; *P. Firens excudit.*

79 Les cérémonies royales de l'Épiphanie faites à Fontainebleau, par Monseigneur le Dauphin (Louis XIII). Belle pièce par *Léonard Gaultier*. Très-belle ép. *Rare.*

On voit figurer dans cette pièce la reine, les princes et princesses, les dames de la cour.

80 1633. Le roi donnant l'accolade aux chevaliers du Saint-Esprit. — La marche des Chevaliers. — Disposition à la séance tenue à Fontainebleau. 4 Pièces par Ab. Bosse, dont une encadrée.

81 Cérémonie observée au contrat de mariage passé à Fontainebleau entre Vladislas IV, roi de Pologne et Louise-Marie de Gonzague. Belle pièce par Ab. Bosse; encadrée.

82 1645. Cérémonie observée au contrat de mariage passé à Fontainebleau entre Vladislas IIII, roi de Pologne, et Louise-Marie de Gonzague. *Bosse inv. Beusecom exc.*

83 1650. (Vers). Chasse royale à Fontainebleau, in-fol. *Rare.*

84 1662. Almanach pour la naissance du Dauphin, par Jean Sauvé, in-fol. en hauteur. *Rare.*

85. 1665. Almanach représentant l'audience royale donnée au cardinal-légat à Fontainebleau, grand in-fol. *Rare.* Il manque un morceau au bas à droite.

86 1679. Cérémonie du mariage de Charles II, roi d'Espagne, avec Marie-Louise d'Orléans, fait au château de Fontainebleau, le 31 août 1679, par *P. Brissart.* Très-belle pièce in-fol. en largeur. *Rare.*

87 1680. Almanach représentant dans le bas la cérémonie du mariage fait à Fontainebleau, le 31 août 1679, et dans le haut la réception de Marie-Louise d'Orléans, reine d'Espagne, par Charles II, à Burgos. *A Paris, chez Jean Edelinck,* grand in-fol. *Très-rare.*

88 Almanach pour l'année 1680. Alliance renouvelée entre la France et l'Espagne par le mariage de Charles II, roi d'Espagne, et de Marie-Louise d'Orléans, célébré à Fontainebleau le 31 août 1679. Grande pièce en hauteur; encadrée.

89 1680. Almanach représentant la cérémonie du mariage du roi d'Espagne Charles II, avec Marie-

Louise d'Orléans, le 31 août 1679. *A Paris, chez N. Langlois. Rare.*

90 Les travaux de la paix en 1681, partie supérieure d'un Almanach. L'on y voit Louis XIV entouré du Dauphin, de Monsieur, du prince de Condé, de Colbert, etc. M. de Louvois, placé à gauche, présente au roi un plan des fortifications de Strasbourg. On aperçoit dans le fond *l'Orangerie de Fontainebleau.*

91 1698. La cérémonie du mariage de Monseigneur le duc de Lorraine avec Mademoiselle, première fille du duc d'Orléans, le 20 octobre 1698, à Fontainebleau. A Paris chez *N. de Larmessin. Très-rare.*

92 1726. Almanach représentant l'auguste réception faite à la reine par le roi Louis XV à Fontainebleau, le 4 septembre 1725. *A Paris, chez Jollain,* grand in-fol. *Rare.*

93 Jeunes seigneurs et dames du temps de Louis XIV, se livrant à Fontainebleau aux plaisirs de la musique, de la danse et de la conversation. Grande pièce de mœurs fort curieuse pour les costumes. *A Paris. chez Gallays. Très-rare.*

94 François Ier reçoit à Fontainebleau la Sainte-Famille envoyée par Raphaël, gravé par Jazet, d'après Lemonnier.

95 Léonard de Vinci mourant dans les bras de François Ier.—Une chasse royale.— Joie de la France à la naissance d'un Dauphin. -- Accouchement de la Reine, gravé par B. Audran, d'après Rubens. — Ballet dansé à Fontainebleau en 1685. Vignette par Ertinger, etc. 17 pièces.

96 La Foi, l'Espérance, la Charité, la Force, la Prudence, la Justice, d'après Saint-Martin de Bologne. 8 pièces.

97 Peintures à fresque du Primatice dans la salle de festin du château de Fontainebleau, peintures et consoles dans la salle de bal, plafond de la galerie de Diane, etc., d'après Bergeret, Percier, etc. 9 pièces.

98 Arabesques d'après le Rosso. Suite de 16 pièces. *Rare.*

99 Le siége de Troie. — Entrée du cheval de Troie. — Danse de Nymphes. — Les forges de Vulcain. — Bucéphale. — Junon. — Danaé, etc. 23 pièces.

100 Galerie des peintures qui sont dans la salle du bal à Fontainebleau, par Saint-Martin de Bologne. 14 pièces.

101 Histoire de Jason, par René Boyvin. 14 pièces.

102 Galerie de la Reine, Peintures et décorations, gravé par Dorigny. 17 pièces (incomplet).

103 1725. Cérémonie du mariage de Louis XV, avec la princesse Marie Leczinski, dans la chapelle royale de Fontainebleau. *A Paris, chez Gallays,* in-fol. en largeur. — Même sujet. *A Paris, chez Radigue.*

104 1725. Représentation dans sa vraie grandeur de la Couronne de pierreries qui a servi à la reine Marie Leczinski, à la cérémonie de son mariage avec Louis XV, par Cl. Duflos.

105 1746. Ballet du prince de Salerne, exécuté à Fontainebleau, gravé par Horeolly, d'après Marvie.

106 1775. Répertoire de Fontainebleau, du 10 octobre au 14 novembre, gravé par Lempereur, d'après Moreau, jeune. *Rare.*

107 Plans et Vues du château de Fontainebleau, par Ducerceau. 6 pièces.

108 Portrait de la maison royale de Fontainebleau, par Michel Lasne, in-fol.

109 Vue de la cour des Fontaines de Fontainebleau, du Château du côté des jardins, du côté du grand canal, Vue du château du côté du jardin. 4 grandes pièces, par Is. Silvestre; perspective du canal de Fontainebleau, par Lepautre. En tout, 5 pièces.

110 Vue de la paroisse de Fontainebleau. Jolie petite pièce dans la manière d'Israël Silvestre. *Rare.*

111 La Madelaine dans la forêt de Fontainebleau, dessin lavé par Duperreux 1823 ; Hermitage de la Madelaine, gravé dans la manière de Silvestre; Couvent des Basses-Loges, près Fontainebleau, dessin signé : *C. D. E.* 3 pièces.

112 Plan du château de Fontainebleau, Carte de la forêt de Fontainebleau, 1764; Plan de la forêt, 1773, etc. 20 pièces.

113 La Reine allant à Fontainebleau, accompagnée de ses gardes, gravé par Baudoins, d'après Vander Meulen. Grande pièce en largeur.

114 Vue de Fontainebleau, du côté des jardins, par Baudoin, d'après Vander Meulen.

115 Vue du château de Fontainebleau, du côté des jardins, d'après Vander Meulen. Très-grande pièce en largeur.

116 Vues anciennes du château de Fontainebleau et
ses dépendances, par Aveline, Parelle, Israël
Silvestre, Rigaud et autres. 144 pièces.

117 Vue du château de Fontainebleau, Esquisse de
manége, entrée du cardinal-légat à Fontainebleau, etc. 5 croquis au crayon.

118 Histoire véritable d'une louve de la forêt de Fontainebleau, qui a dévoré 140 personnes. 1 pièce.

119 Fontainebleau et ses dépendances, par A. L. C.

120 Vues modernes de Fontainebleau et ses environs.
171 pièces.

121 Galerie de la Reine, dite de Diane, à Fontainebleau, publiée par Gatteaux et Baltard. Paris,
1858, in-fol., figures, en feuilles.

122 Pie VII à Fontainebleau, son portrait, abdication
de Napoléon, ses adieux, etc. 28 pièces.

123 Baptème du prince Louis-Napoléon Bonaparte,
son portrait à diverses époques, Chasses, Récep-
tions à Fontainebleau, etc. 36 pièces.

124 Première entrevue de Louis XVIII et de la
Famille royale, avec la duchesse de Berri, dans
la forêt de Fontainebleau (15 juin 1816), Chasse
de la Famille royale, le duc de Berri tuant un
aigle dans la forêt de Fontainebleau, etc.
4 pièces.

125 Attentat de Lecomte contre Louis-Philippe, à
Fontainebleau. Lith. par V. Adam.

126 Petite ville, donjon et château de Moret, château
de Laurez, maison-plate (Ravanne), près la
petite ville de Moret (deux sur la même feuille).
3 pièces par Châtillon.

127 Ravennes, maison-plate près la petite ville de
Moret, Château de Laurez-le-Boscaige, en Gâti-
nais, La petite ville, Château et Donjon de Moret,
vestiges d'antiquités en la petite ville de Grestz.
4 pièces par Châtillon; Vue de Moret, par
Silvestre. En tout 5 pièces.

128 Église de Moret, la chapelle sous Crécy. 2 dessins.

129 **Fontainebleau** (Environs). Vues prises à
Moret, Grès, Salins, etc. 22 dessins.

130 Sœur Marie-Louise de Sainte-Thérèze, La mau-
resse du couvent de Moret. Dessin de M. Gresy,
d'après le tableau original conservé à la bibliothèque Sainte-Geneviève.

131 Château de Chalvau, plans et façades, par Ducerceau. 2 pièces, Chalvau, par Châtillon. En
tout 3 pièces.

132 Vue du Château Saint-Ange, du côté de l'entrée;
autre vue du côté du jardin. *L. C. de Caumartin
Saint-Ange, fecit* 1694. 2 pièces *rares*. — Un
Calque de la dernière.

133 **Montereau**. La petite ville de Montereau,
Château et grande Maison, près Montereau, l'ancienne Tour et Donjon de Montereau. 3 pièces,
par Châtillon.

134 — Plan du Couvent de Montereau. 1 dessin.

135 — Vues, batailles, etc. 47 pièces.

136 — Personnages se rattachant à la localité de
Montereau. 16 pièces.

137 **Château-Landon**. Vues et Portraits. 13 pièces.

138 **Larchant**. 14 vues, dont 7 croquis au crayon.

139 **Nemours**. La Ville et ancien Château de Nemours, par Châtillon ; autres Vues de Nemours et ses environs. 15 pièces.

140 — Vue intérieure du côté du jardin de la maison paternelle de M. Paulmier, ancien échevin de Nemours. *Dessin par Thiéry*, 1784. Château de Nemours, dessin lavé. Vues prises à Nemours, Croquis au crayon. En tout 11 dessins.

141 — Portraits de personnages se rattachant à la localité de Nemours : Gaston de Foix; J. de Savoie, Anna d'Est, duchesse de Nemours, Marguerite de Valois, Élisabeth de Vendosme, Étienne Bezout, Miger, Robert Dumesnil, etc. 33 portraits.

PORTRAITS

142 **Anonyme**. Chantreau, professeur d'histoire, près l'École spéciale militaire de Fontainebleau, in-4°.

143 **Balechou**. Voltaire, d'après Liotard, in-8.

144 **Bosse** (Ab.). Francini, ingénieur du roi Louis XIII, in-fol., très-belle ép.

145 — Louis XIII à genoux, in-4, collé en plein.

146 **Chereau** (F.). Cardinal Fleury, d'après Rigaud, in-fol. Très-belle ép.

147 **Drevet** (P.) Louis-Auguste, prince de Dombes, d'après de Troy, in-fol. Belle ép.

148 Divers. Maître Roux, André del Sarte, le Primatice, François Ier, François II, Henri III, Marie de Médicis, Christine de Suède, Cardinal Duperron, etc. 103 portraits.

149 Duponchel. Pierre Chauvier, aumônier du roi, d'après Kymli, in-fol. Très-belle ép.

150 Dupont (Henriquel), 1836. Le général comte Philippe de Ségur, in-fol. Très-belle ép.

151 Habert. Abel de Sainte-Marthe, garde de la bibliothèque de Fontainebleau, in-4. Très-belle ép.

152 Levachez (Manière de). Le Roux de la Bapaumerie ancien magistrat et maire de Salins. Joli petit portrait.

153 Prot. Marie-Louise, impératrice, in-4, en couleur.

154 Vermeulen. Louis-Urbain Lefèvre de Caumartin, maître des requêtes, d'après de Troye, in-fol. Ép. superbe.

155 Vienot (N.). Gaston d'Orléans, frère de Louis XIII, in-fol. *Rare*.

156 Voyez. Poinsinet. Joli petit portrait. Très-belle ép.

157 Watteau (d'après). Lantara, peintre, debout dans son intérieur, regardant deux oiseaux perchés au-dessus d'une cage, in-4. Très-belle ép. avant toute lettre. *Rare*.

MEAUX ET AUTRES LOCALITÉS

158 La ville et vieux marché de Meaux, abbaye de
Saint Faron, château de Cramoyau, château de
Landon, petite ville et abbaye de Ferrière (deux
sur la même feuille). 5 pièces par Châtillon.

159 La ville et vieux marché de Meaux, par Châtillon.

160 Profil de la ville de Meaux, par Is. Silvestre.

161 Place notable étant à l'abbaye de Saint Faron, à
Meaux, par Châtillon.

162 Cartes du diocèse de Meaux. 13 pièces.

163 Société d'agriculture, Sciences et arts de Seine-
et-Marne, par Gaucher, d'ap. Monnet.

164 Proclamations, rapports (Hôtel de ville de Meaux
1789). 5 pièces.

165 Grande porte de l'Hôtel-Dieu, chapelle de l'Hôtel-Dieu. abbaye de Saint Faron à Meaux. 11 calques.

166 Cathédrale de Meaux; Meaux, vue prise de la Pé-
pinière, chapelle du Séminaire, pavillon de Bos
suet, chœur de la Cathédrale, etc. 54 pièces.

167 Ancien Chapitre de Meaux, escalier du Chapitre,
petit pavillon dans le jardin du palais archiépis-
copal, Cathédrale, portes, etc. 8 dessins.

168 Médaille décernée par la ville de Meaux à Nico
las Tronchon. 2 ép.

169 Vue générale de Monceaux, maison royale près de Meaux, différentes vues. 6 pièces; plus un calque du château de Gabrielle à Monceaux.

170 Château de Monceaux (*Manière d'Is. Silvestre*). Ép. avant la lettre.

171 Château de Monceaux, par Châtillon. Une pièce.

172 Plan et château de Monceaux, par Is. Silvestre. 3 pièces.

173 Jouy-le-Châtel, par Châtillon.

174 Brai abbaye sur Seine, par Châtillon.

175 Vue de la ville de Bray-sur-Seine, abbaye de N. Dame de Preuilly, château de Sigy, proche de Dannemarie, église de Nangis, Gravon près de Balloy, etc. 18 dessins et calques.

176 Bray-sur-Seine et autres localités. 46 pièces.

177 *Vieulx maisons*, *Rupereux*, par Châtillon.

178 Le château de Plaisy aux Tournelle, par Châtillon.

179 Crecy, Plessis-aux-Bois. 8 dessins.

180 La ville de Provins, par Châtillon.

181 Plan d'écluses pour le canal de Provins, bâtiment des gardes, vannes, etc. 15 dessins.

182 Le Pont aux poissons, porte des Bordes, de Troyes, maison de Laurent Garnier, église de Saint Thibault, abbaye Saint Jacques, tour de César. 25 dessins sur Provins.

183 Sur Provins et autres localités. 153 pièces.

184 Le Chateau de Tresme, par Chatillon.

185 Le Château de Ville-Mareuil, par Châtillon.

186 Chapelle du château de Fresne, plans et profils. 4 pièces.

187 Château de Fresne, Tour de Montjay, Église de Chelles, etc. 6 dessins.

188 Chateau de Fresne, Tour et château de Montjay, par Châtillon. 2 pièces.

189 Château de Fresne, par Is. Silvestre el autres. 8 pièces.

190 La petite ville et antique abbaye de Chelles, par Châtillon. 2 ép. Plan perspectif ou élévation de l'abbaye royale de Chelles. 3 pièces.

191 Vues du château de Ferrière, dessins, gravures et lithographies, portraits. 15 pièces.

192 Vue de l'ancien château de Ferrière. Un dessin.

193 Vue de Malnoue, étang de la haute Maison, ferme du château de Brou, Pertuis de Noisiel, etc. 9 dessins.

194 La maison de Pomponne, par Perelle. 2 pièces.

195 Plans et vues du château de Champ. 5 pièces.

196 Petit château de la Barre, par Châtillon. Une pièce.

197 Vue de la ville de Lagny, par Briot et Châtillon, autres, par Peters. 3 pièces.

198 Siége et prise de Lagny. 2 pièces.

199 Vue du monastère de saint Pierre de Lagny. Une pièce.

200 Pont de Lagny, intérieur de l'Église, couronne murale. 3 dessins.

201 Petite ville et château de la Ferté-sous-Jouarre, par Châtillon. 3 pièces.

202 Sur Lagny. La Ferté-sous-Jouarre, etc. 58 piè-ces.

203 La Ferté-sous-Jouarre. 2 dessins datés : *juin 1824*.

204 Château de Nantouillet; Ruines du château de Dammartin; Portail de l'église Saint-Jean à Dammartin, etc. 10 dessins.

205 Diocèse de Meaux. Diverses vues de Dammartin, Nantouillet, Collége de Juilly, etc. 32 pièces.

206 Bourg et château de l'ancien comté de Dammartin, le Château de Claye, par Châtillon.

207 Connain, Maison-Plate; la Tour de   , au territoire de May, par Châtillon.

208 Exercices de messieurs les pensionnaires de l'Académie royale de Juilly, durant le mois d'août 1776, pour la distribution générale des prix. Grande pièce en hauteur.

PORTRAITS

209 **Anonymes**. Guillaume Briçonnet et Pierre, évêques de Meaux. 2 petits portraits.

210 — Le marquis de Paroy, in-8; petite pièce ronde gravée par lui. 2 pièces.

211 — Louis Prudhomme , imprimeur à Meaux , in-4.

212 — François-Armand de Lorraine, in-4.

213 **Anselin**. Mme de Pompadour en jardinière, d'après Vanloo, petit in-fol. Très belle épr.

214 **Bonnart**. Charles de Rohan, prince de Guémené, en pied.

215 **Broksaw** (Manière de). Marquis de Guerchy, seigneur de Nangis, in-fol., avant toute lettre.

216 **Carmontelle** (d'après). Trudaine ; le même, par Saint-Aubin, d'ap. Cochin. 2 pièces.

217 **Chiquet** (à Paris, chez). Joseph-Emmanuel de la Trémouille, cardinal, abbé de Lagny, in-4.

218 **Daret**, François-de-Paule de Clermont, marquis de Monglat, in-fol.

219 **David** (Jérôme). François de l'Hopital du Hallier, comte de Rosnay, gouverneur et lieutenant général de Champagne et Brie, in-fol. *Rare.*

220 **Dejabin**. Houdet, Desescoutes, Mesnager, députés de Meaux à l'Assemblée nationale. 4 portraits.

221 **Divers**. Louis de Laval, lieutenant-général du roi Louis XI, gouverneur de Champagne et Brie. Miniature d'après un manuscrit de la Bibl. imp. — Le même, calque.

222 — François de la Noue ; Louise-Adélaide d'Orléans, abbesse de Chelles ; Jean-Baptiste Colbert, marquis de Torcy ; Daguesseau, etc. 19 portraits.

223 — J. Chevalier, dit Poulailler, adroit voleur ; N. Sauvage, berger de Poulailler, son complice. 2 portraits à l'eau-forte, dans des médaillons ronds, coloriés. — Le fameux Poulailler, tel qu'il a été vu dans les fonds de Varette, à 2 lieues de Meaux, en pied. — Poulailler, sa femme ; Sauvage et sa femme, Martin, secrétaire de Poulailler. A l'eau-forte, 4 pièces. *Rares.*

224 **Divers**. Personnages se rattachant à diverses localités du diocèse de Meaux. 25 portraits.

225 — Personnages se rattachant à diverses localités. 54 portraits.

226 — Le baron de Mackau ; le baron et la baronne Freteau de Peny, 3 portraits lith., in-fol.

227 — Personnages se rattachant à diverses localités. 32 portraits.

228 — Personnages se rattachant à diverses localités. 38 portraits.

229 — Personnages se rattachant à diverses localités du diocèse de Meaux. 33 portraits.

230 — Marquis de Cinq-Mars, par Daret; Jacques Amelot, par Nanteuil ; Lenoir, lieutenant général de police, par Mme Lingée, d'ap. Pujos; Boula de Mareuil, au physionotrace Quenedey, et autres personnages se rattachant à diverses localités du diocèse de Meaux. 23 portraits.

231 — Personnages se rattachant à Meaux. 54 portraits.

232 **Drevet** (P.-J.). Samuel Bernard, d'après Rigaud, grand in-fol.

233 — Bossuet en pied, d'ap. Rigaud. Très-belle ép. avec cinq points. — Le même, par Sarrabat, par G. Edelinck, par Poilly, d'ap. Mignard. — Bossuet consolant les villageois de son diocèse, par Moret, d'ap. Desfontaine. 5 pièces.

234 — Duc du Maine, prince de Dombes; in-fol.

235 **Duflos**. François d'Aligre, abbé de Saint-Jacques à Provins. — Le même, par Lenfant. 2 portraits in-fol.

236 **Gaillard**. Etienne-René Potier de Gesvres, cardinal, d'après Pompeo Batoni; in-fol.

237 **Gantrel**. Fournier, chirurgien, né à Lagny, in-4 et in-8. 2 portraits.

238 — Nicolas-Auguste de Harlay, seigneur de Bonneuil, in-fol.

239 — Alex. Varet. Le même, par Desrochers, in-8. 2 pièces.

240 **Goltzius**. Charlotte de Bourbon, princesse de Nassau. 2 portraits.

241 **Grignon**. Jean Bureau, seigneur de Monglat, chambellan des rois Charles VII et Louis XI, in-fol.

242 — Jean d'Orléans, comte de Dunois, in-fol.

243 **Habert**. Anne Hameau, prieure de Saint-Louis de Torcy-en-Brie, petit in-fol.

244 **Horthemels** (M.-H.). Thiard de Bissy, évêque de Meaux, d'après Rigaud, in-fol.

245 **Humbelot**. Alphonse de Brichanteau, marquis de Nangis, in-fol.

246 **Landry**, 1674. Léon Potier de Gesvres, joli portrait in-8. Très-belle ép.

247 **Larmessin**. Robert Morel, de la congrégation de Saint-Maur, in-fol.

248 **Lasne** (Michel). Thomas de Bragelongne, premier président à Metz, in-fol.

249 **Lenfant**. Nicolas Dauvet, grand fauconnier, in-fol. Très-belle ép.

250 — François du Tillet; in-fol.

251 **Leu** (Thomas de). Charles de Gonzague, duc de Nevers, *gouverneur de Champagne et Brie*. 2 portraits différents.
— Autre par Montcornet.

252 **Levasseur**. Paul d'Albert, cardinal de Luynes, in-8. Charmant petit portrait.

253 **Lochon** (René). Tussanus Roze D. de Coye (né à Provins), in-fol. Ép. superbe, signée au verso. *P. Mariette, 1660.*

254 Antoine Vallot, médecin, in-fol.

255 **Mariette**, Marie-Éléonor de Rohan, abbesse de Malnoue, in-8

256 **Massard**. Auguste Allou, évêque de Meaux. In-fol.

257 **Masson**. Toussaint de Forbin-Janson, évêque de Marseille (abbé de Preuilly). In-fol.

258 Louis Verjus, comte de Crécy, in-fol.

259 **Mellan**. Nicolas de Grillet, évêque d'Uzès (*né à Bray-sur-Seine*), in-fol.

260 **Merlen** (Van). Nicolas de Harlay, seigneur de Sancy ; Marie Moreau, dame de Sancy, à 25 ans et à 74 ans. 4 portraits in-fol.

261 **Mignard** (d'après). Daniel Voysin, conseiller du roi, in-fol.

262 **Montcornet**. Nicolas de L'Hopital, marquis de Vitry, gouverneur de Meaux, représenté à cheval, in-4.

263 **Morin**. F. de Villemontée, d'après Champaigne, in-fol. Très-belle ép.

264 **Nanteuil**. Michel Letellier, d'après Ph. de Champagne.

265 **Nanteuil.** L'abbé Molé, in-fol. Très-belle épr.

266 — Dominique Seguier, évêque de Meaux

— Le même, par René Lochon. 2 portraits in-fol.

267 **Nicole.** Claude-Honoré-Lucas de Muin, abbé de Prémontré, in-fol.

268 **Nochez.** Claude Léger, grand vicaire de Meaux, in-4.

269 **Paillet.** Henri de Fourcy de Chessy.

— Le même, par P. Drevet ; Balthazar-Henri de Fourcy, par P. Drevet. 3 portraits in-fol.

270 **Picart.** Un évêque debout recevant de deux anges la croix et la crosse, in-fol. en largeur.

271 **Poilly** (F.). Anne de Rohan, princesse de Guéménée. In-fol.

272 **Poilly** (N.). René Potier, seigneur et duc de Tresme, in-fol. Très-belle ép.

273 **Regnault.** Guillaume Pavée, baron de Vendeuvres. Charmant petit portrait.

274 **Rousselet.** Le Père Soyer, mort à Meaux en 1662, in-8.

275 **Schuppen** (Van). Charles-Maurice Letellier, abbé et comte de Lagny, in-fol.

276 **Trouvain.** Calliope de La Tremoille, abbessse du Pont-aux-Dames, d'après de Troy, in-fol. Très-belle ép.

277 — Alexis du Buc, in-fol. Très-belle ép.

278 **Vangelisty.** Claude-Marc-Antoine d'Apchon, archevêque d'Auch, d'après Tischbein, in-fol,

279 — Jean-Baptiste-François Cochin, curé de Saint-Michel de Carroy, in-4.

280 **Vérité.** Princesse de Lamballe, in-4.

MELUN ET AUTRES LOCALITÉS

281 **Melun**. Armoiries. 29 pièces.

282 Melun, par Châtillon; autre vue représentant le siége de Melun. Pièce sur bois du xvie siècle, marquée du monogramme C. I. S.

283 Melun, par Châtillon. Une pièce.

284 Profil de la ville de Melun, par Israël Silvestre. Très-belle ép. avec marges.

285 Profil de la ville de Melun, vers 1598, calque; vue de Melun, grand dessin, etc. 4 pièces.

286 Plan de la ville de Melun. Un dessin.

287 Dessin et annotations des principales parties de la fortification des ville, château et citadelle de Melun, du capitaine Ambroise, l'an 1597, sur parchemin.

288 **Melun**. Plans et vues. 26 pièces.

289 Hôtel de la vicomté à Melun. — Cage d'escalier dépendant de la vicomté. — Lucarne de l'ancien hôtel de la vicomté. 3 dessins.

290 Plan de l'ancienne église Saint-Sauveur à Melun. — Cloître du prieuré Saint-Sauveur. — Salle capitulaire. — Console, chapiteaux de colonnes. — Tympan. — Fresque de la voûte de l'église. 11 dessins.

291 Une cave rue du Four, à Melun. Un dessin.

292 Bureau des coches à Melun. — Ruines du château de Melun. — Autre vue des Ruines. — Vue intérieure de l'ancien château, etc. 8 dessins.

293 Restes du mur d'enceinte à Melun avant la construction du quai Saint-Aspais. — Reste de bas-
tion derrière le quartier de cavalerie. — Saint-
Ambroise. — Pont de Melun avant sa chute (juillet 1834). — Lampe en terre cuite trouvée dans
les souterrains du château de Melun. 7 dessins.

294 Hôtel de Ville de Melun. — Hôtel de Sens à Melun. — Porte de l'Hôtel de Sens. — Poterne de
la rue Neuve. — Escalier de la maison où est né
J. Amyot. 10 dessins.

295 Vue de Notre-Dame de Melun, par Is. Sylvestre.
— Saint-Étienne de Melun. — Ancien château de
Melun, par Al. de Laval. — Ancien mur du pré-
tendu temple d'Isis, à Melun, dessin par M. Grésy
en 1827. 6 pièces.

296 La cassette de Saint-Louis, donnée par Philippe-
le-Bel à l'abbaye du Lis, près Melun. Chromoli-
thographie.

297 Sur Melun, dessins, calques et gravures. 35 pièces.

298 Armoiries de Melun. — Cartes, antiquités gallo-
romaines, etc. 62 pièces.

299 Vue du quartier Saint-Aspais. — Port marin à
Melun. — Vue générale de Melun. — Vue de Me-
lun prise de dessous le pont suspendu. — Vue
du pont et d'une partie de la ville de Melun, par
Perignon. — Vue de Melun. — Vue du pont. —
Vue du Pont-aux-Moulins. 8 dessins.

300 La translation de Saint-Aspais. — Saint-Denis et
ses compagnons martyrs. — Lapidation de Saint-
Étienne. 3 pièces.

301 Saint-Aspais. Jubé, Retable de la chapelle Saint-
Éloy, Chapelle Saint-Loup, Verrière, Retable de
la chapelle des Longueville, Portail occidental
de Saint-Aspais, etc. 19 dessins.

302 Saints et Saintes dont les reliques sont mêlées
à celles de saint Aspais, dans la grande châsse
exposée au maître-autel de Saint-Aspais à Melun.
11 pièces.

303 **Melun**. Saint Étienne, saint Jacques, saint
Barthélemy, saint Ambroise, saint Nicolas,
saint Pierre, saint Jean-Baptiste, etc. 32 pièces.

304 Vue du monastère de Saint-Pierre de Melun.
Une pièce.

305 Galerie de l'ancien hôtel Lecocq : Premier pilier
de la Galerie, Chapiteaux de colonnettes, 2e. 3e,
4e, 5e piliers, Vitrail héraldique dans la chapelle Saint-Antoine, à l'Église Saint-Aspais, Cré-
dence de la Chapelle fieffée aux ducs de Longueville, Consoles. 11 dessins.

306 Épitaphe de François Mallet, né en la paroisse
de Saint-Aspais, à Melun.

307 **Melun**. Dessins, calques, gravures et lithographies. 52 pièces.

308 Moulin Poignet, à Melun, Façade de la salle de
Melun, Écurie et Cour de l'hôtel de Melun, Dé-
molition d'un reste de rempart, Boulevart Saint-
Jean, etc. 16 dessins.

309 Plan du Couvent de Melun, 1734. Un dessin.

310 Vaux-le-Vicomte, Château du côté du jardin,
Vue par le côté, du côté de l'entrée ; Grotte et
partie du canal, petites Cascades, Fontaine de la

Couronne et Parterre, les cascades, jardin, parterre des Fleurs, etc. 12 grandes et belles pièces,
par Is. Silvestre ; autres par Aveline, Perelle,
Plafonds, d'après Lebrun, etc. En tout 63 pièces.

311 Château de Vaux par le côté, par Is. Silvestre,
sans marges.

312 Château de Vaux, près Melun. Joli dessin par
Alexis Noël.

313 Château de Vaux-le-Penil (1760). Un dessin.

314 Vaux-le-Penil : Église, les Augères avec cuve
baptismale, Statue de saint Sébastien, etc. 21 pièces, dessins et calques.

315 Rozoy-en-Brie, par Châtillon et autres. 4 pièces.

316 Château Donzain en Blaisois, appartenant au
comte de Rostaing, par Cottart.

317 La petite ville et notable Abbaye de Ferrière en
Sénonnais, par Châtillon.

318 Petite ville de Coulommiers, Pont et Château de
Montereau, Tour et Donjon de Montereau, petite
ville de Montereau. Chalvau, Ville et ancien
Château de Nemours. Vestiges d'antiquité à
Gretz, Provins. 8 pièces, par Châtillon.

319 Coulommiers, par Châtillon, Is. Silvestre,
Marot, etc. 18 pièces.

320 Milly, Puisseau, Étampes, Lauris, Montmirail,
Sézanne, Rozoy. 7 pièces, par Châtillon.

321 Château de Plaisy-aux-Tournelles, Brai, Abbaye-
sur-Seine, Jouy-le-Châtel, Vieux-Maison, Mont-
mor, Rupereux, Porte de Montmirail (quatre
sur la même feuille), Château près la Barre,
la Ferté-sous-Jouarre, le Château de la Ferté-
sous-Jouarre. 10 pièces, par Châtillon.

322 Le Château de Cramoyau-en-Brie, par Châtillon; plans et façade. 4 pièces.

323 Lusigny-en-Brie, par Is. Silvestre et Perelle. 4 pièces.

324 Château de Coffry, par Is. Silvestre et autres; Cascades de Graville, par Aveline; ancien Pont sur le rivage de la Seine, à Hericy. 8 pièces.

325 Grand autel de l'Abbaye de Barbeau, gravé par Michel.

326 Ruine de la tour et château de Montgay, château de Ville-Mareuil, de Monceaux, de Claye, Bourg et Château de Domartin, Château de Tresme, de Fresne, Abbaye de Chelle Saint-Bodour, et de Lagny, etc. 11 pièces.

327 Partie du château de Blandy, Entrée du même château. 2 beaux dessins par J.-G. Wille, encadrés.

328 Porte du château de Blandy, par J.-G. Wille; Tour de Blandy, par Parizeau; autre vue de la même tour. 3 dessins.

329 Hericy, Clocher de Mormant; Blandy, du côté de l'entrée; Laborde-le-Vicomte, etc. 13 dessins.

330 Cour du château de Suine-en-Brie, Pont près de Suine. 2 dessins.

331 21 septembre 1780. Louis-Stanislas-Xavier de France, frère du roi, posant la première pierre de l'Abbaye royale de Jarcy, proche Brunoy. Beau dessin présenté à Monsieur, par *Boulland*, architecte.

332 Château de Villemenon. Un dessin.

333 Cour de la Ferme de Noisement-en-Brie. Pièce
à l'eau-forte,

334 Église d'Attilly, Chapelle seigneuriale et entrée
de l'ancien château d'Éprunes, Poterne. 3 dessins.

335 Armainvilliers, Château de Lissy, Tourelle du
même château, Ferme de Varâtre près Corbeil,
Ferme de Villevesque près Corbeil. 7 dessins.

336 Château de Verneuil, château de Vernouillet,
Maucouvent, Plan de la terre de Suscy, etc.
15 dessins.

337 Saint-Martin de Champeaux. Dessins, calques,
etc. 35 pièces.

338 Château d'Arminvilliers (Seine-et-Marne). Dessin
lavé à plusieurs tons.

339 Intérieur de l'ancien couvent de Notre-Dame-de-
Laroche, près Dampierre. Dessin lavé à plusieurs tons.

340 Église d'Yebles, Château de Lesigny, Chevry,
Château de Villemain, Château de Croquetaine,
Reproduction du tableau de la chapelle des
Arbalestes, etc. 17 dessins.

341 Château de Brie-Comte-Robert, ancien Hôtel-
Dieu, à Brie, Église et Nef de l'église de Brie, etc.
26 dessins et calques.

342 Château de Coubert, bâti par Samuel Bernard.
Un dessin.

343 Plan du domaine de Beauverger, situé sur le
territoire de Chevry. Un dessin.

344 Château de Passy. Un dessin.

345 Château de la Grange-le-Roy, Chapelle ruinée proche le Château, Fontaine Saint-Martin. 4 dessins.

346 Église et monastère de Rebais. Dessins, calques et lith. 4 pièces.

347 Civray. 7 dessins.

348 Château de la Rochette, Église à Saint-Sauveur, Abbaye du Lys, Crosse de l'abbaye du Lys, Château de Cely, etc. 26 dessins et calques.

349 Château de Fontenoy. Un dessin.

350 Ruines de l'abbaye de Farmoutier. Dessin, calques et lith. 5 pièces.

351 Ruines du château de Vivier. Dessins et lith. 11 pièces.

352 Château de Becoiseau, près Morcerf. 2 dessins.

353 Pierres tumulaires dans le chœur de l'Église de Villeneuve-le-Comte. Calque.

354 Château Lenoi-Renaud, de Lumigny, les Tournelles, château de la Grange-Bleneau, de Boissy, Ruines d'une chapelle du monastère de la Celle, le Chateau de Maupertuis, etc. 40 pièces.

355 Moulin de Follet, sainte Assise, Pouilly-le-Fort, Ferme de Marché-Marais, Palais abbatial du Jard, etc. Dessins et calques. 25 pièces.

356 Vue de Pouilly-le-Fort, Trois Moulins, Château de sainte Assise, etc. 25 pièces.

357 Ferme de la Grange saint Père. Un dessin.

358 Diverses compositions gravées par Langot. 16 pièces.

359 Peintures du Primatice dans la chapelle du château de Fleury-en-Bière, gravées par Ant. Garnier. 15 pièces, plus 3 calques.

360 Le Magister de notre village, un Cavalier. 2 lith.
de Charlet, dédiées à *M. de Marcieux.*

361 On n' passe pas', par Debucourt, d'après Charlet; même sujet. 5 pièces.

PORTRAITS

362 **Anonymes**. Simon de Brie, Pape sous le nom
de Martin IV (1284). 3 portraits.

363 — Tombeau du prince Gaspard de Courtenay, et
de sa femme, in-fol.

364 — Thomas Beauxalmis, dit le petit Carme de
Melun, in-4. *Rare.*

365 — Thomas Beauxalmis, dit le petit Carme de
Melun, in-4.

366 — Bertrand du Guesclin, connétable de France,
in-4. Très-belle ép.

367 — Séb. Rouillard de Melun. 2 ép. avec différen-
ces; le même, calque. 3 pièces.

368 — Les Seigneurs de la Toison, parmi lesquels
se trouve le prince d'Espinoy, Guillaume de
Melun.

369 — Robert de Melun, in-4. Très-belle ép.

370 — Nicolas de l'Hôpital, marquis de Vitry, in-4.
— Le même, par Moncornet.

371 — Portrait d'une Abbesse, in-4 avant toute lettre.

372 — Louis, comte de Nassau, in-8.

373 **Anonyme**. Dom François Louvard, bénédictin de la Congrégation de saint Maur, in-fol.

374 — Le diacre Pâris. 2 portr.

375 — Duchesse de Kingston, dame de saint Assise, in-8.

376 — Madame de Ribodou, née de Mazoy, dame châtelaine de Verneuil. Un dessin.

377 — Desormes, né à Chaume, in-8.

378 — Guillaume de Loribeau, marchand d'habits, fameux assassin exécuté à Melun en 1826. Un dessin.

379 — Pierre Ninonet et Adélaïde Autrot, sa femme, assassins condamnés par la Cour d'assises de Melun.

380 **Audran** (**K**.). J.-J. de Mesmes, président au parlement de Paris (seigneur de Chevry), in-fol. Très-belle ép.

381 **Beaubrun**. Nicolas Fouquet. Joli dessin au crayon.

382 **Bligny** (à Paris chez). L.-A. de Gontaut, duc de Biron, in-4.

383 **Bonnart**. Madame la comtesse d'Espinoy, en pied. Très-belle ép.

384 — Antoine Arnault de Pomponne, abbé commandataire de l'abbaye saint Pierre de Chaulmes, en pied, in-fol.

385 **Bouchardy** (Physionotrace). J.-B. Selves, ex-législateur, fructidorisé, in-8.

386 **Boudan** (L.). Louis Lefèvre de Caumartin, in-4.

387 **Cars**. Le père Le Valois, precepteur des enfants de France, in-4, très-*rare*. Très-belle ép. avant la lettre.

388 — Nicolas-Étienne Roujault, in-fol.

389 **Chereau**. Jean-Baptiste-Louis Picou, in-fol.

390 **Chesneau** (Henri). Tristan, marquis de Rostain; Charles, marquis et comte de Rostaing, en pied; François de Rostaing, médaillon. 3 pièces in-fol.

391 — Monuments divers de la maison de Rostaing, dessinés par Lepautre, et gravés par Henri Chesneau, recueil in-fol. broche. 22 figures. *Rare.*

392 **Chronologie collée**. Étienne Jodelle. *Rare.*

393 — Henri de Bourbon, prince de Condé; Baptiste du Mesnil, avocat général. 2 pièces.

394 — Charles de Lorraine, cardinal; Baptiste du Mesnil, avocat général. 2 pièces.

395 **C. Ma**. Jérôme Nicolas de Paris, in-fol.

396 **Cochin**. Chauvelin, conseiller en la grande Cour du parlement, in-4.

397 **Couvay** (J.). Le père Louis Petit, général de l'Ordre de la sainte Trinité, d'après Lourdelet, in-fol. — Le même, par Moncornet.

398 **Daret**. François de Beauvillier, comte de saint Aignan, in-4.

399 — L'abbé Vegnerod de Richelieu, le même, par René Lochon. 2 pièces.

400 **Daret** (Manière de). Duchesse de Montpensier, in-4.

401 **Daullé** (J.). Geoffroy Macé Camus de Pontcarré, premier président au Parlement de Normandie, in-4. Ép. superbe.

402 **David** (F.). César-Gabriel de Choiseul, duc de Praslin, d'après Roslin, in-fol.

403 **Delaunay**. Abbé de Voisenon, in-8, avant la la lettre; autre par Cathelin. 2 pièces.

404 **Demarcenay**. Le maréchal de Saxe, in-8. Très-belle ép.

405 **Derbois**. Louis-Jaques de Chapt de Rastignac, archevêque de Tours. in-fol.

406 **Desrochers**. Marie d'Hautefort, duchesse de Schomberg, dame d'honneur de la reine Anne d'Autriche, in-8.

407 **Divers**. Gabrielle d'Estrées, Henriette de Balsac, Marie de Clèves, princesse de Condé; marquise de Rothelin, Léonor d'Orléans, duc de Longueville et autres personnages se rattachant à diverses localités. 46 portraits.

408 — Charles, marquis et comte de Rostaing; Tristan, marquis de Rostaing; Château du comté de Bury; Reliquaire des dévotions et généalogies qui sont représentées dans les trois chapelles que le comte de Rostaing a fait faire dans Paris, qu'Henry Chesneau a fait graver par Is. Silvestre. 1658. 10 pièces.

409 — M. l'abbé Rabier, doyen de Saint-Aspais de Melun; Prosper Laroche, dit Dort-Debout, maître nageur de Melun; M. de Monicault, préfet; M. Franck Carré, procureur général. 4 dessins.

410 **Divers**. Charles de Balsac (dit le bel Entraguet), tué
en duel avec le comte de Quélus en 1578. Calque.

411 — Tarbé des Sablons, au physionotrace Quenedey ; Anne de Melun, Villars ; Destouches, Bailly,
Clermont-Tonnerre. 9 portraits montés sur la
même feuille.

412 — Emmanuel-Mar.-Mich.-Phil. Freteau, député
de Melun à l'Assemblée nationale, par Bonne-
ville, Fiésinger, etc. 13 portraits.

413 — Lafontaine, Pelisson, par Edelinck ; Lebrun,
par Lubin, Molière. 4 portraits in-fol.

414 — Armoiries de N. Fouquet. 5 pièces.

415 — Agnès Sorel. 27 portraits différents.

416 — La belle Agnès. Un dessin.

417 — Un autographe de frère Leauté (quittance),
supérieur de l'abbaye de Saint-Père de Melun,
et plusieurs portraits et pièces relatives au diacre
Pâris qui vint le visiter à Melun 9 pièces.

418 — Arrestation du baron de Besenval, empri-
sonné à Brie. Ép. avant toute lettre ; son portrait,
dessin à la sanguine ; 2 autres par Dupreel, d'ap.
Danloux. 4 pièces.

419 — Personnages se rattachant à diverses localités.
33 portraits.

420 — Personnages se rattachant à diverses localités.
30 portraits.

421 — Personnages se rattachant à diverses localités.
16 portraits.

422 — Personnages se rattachant à diverses localités.
32 portraits.

423 **Divers**. Personnages se rattachant à diverses lo-
'calités. 17 portraits.

424 — Personnages se rattachant à diverses localités.
58 portraits.

425 — Personages se rapportant à la localité de Melun, et autres pièces. 205 pièces. *Ce numéro pourra
être divisé.*

426 **Drevet**. Mme la duchesse de Lesdiguières, in-fol.

427 — Maréchal de Villars. — Demoiselle de Villars
en bergère, par J. Tardieu; Honoré-Armand de
Villars, Gabrielle de Noailles, sa femme. 2 dessins; en tout 5 pièces.

428 — Nicolas-Pierre-Camus, premier président du
Parlement de Rouen, in-fol.

429 — Léonard Delamet, d'après Rigaud, in-fol.

430 **Dumoustier** (d'après). Gaspard d'Aligre. Un
dessin à plusieurs crayons.

431 — Barbe-Marie de Salm-Lorraine, abbesse du
Lys. Calque.

432 **Duponchel**. Pierre Chauvier, d'après Kimli,
in-fol.

433 **Dupont** (Henriquel). Charles Normand, architecte. première ép. avant la lettre et l'entourage.
— Le même avec la lettre et l'entourage.

434 **Dupuis** (N.). Lenormant de Tournehem, d'a-
près Toqué, in-fol.

435 **Edelinck**. François Mansart, architecte, in-fol.

436 — Mme de Miramion, d'après de Troy. Très-belle
ép. avec marges.

437 **Falck**. Guillot Gorju; le même par Couvay, d'après Huret; autre par Prudhon, d'après Cœuré. 3 pièces.

438 **Fessard**. Comtesse de Lafayette, d'après Ferdinand, in-4.

439 **Fines**. Jean-Gaspard-Ferdinand, comte de Marchin, in-4.

440 **Flipart**. Couperin, compositeur, organiste de la chapelle du roi, pet. in-fol.

441 **Frosne**. François d'Argouges. L'abbé Henri d'Argouges, par Lenfant, in-fol.; Jérôme d'Argouges. 3 pièces.

442 — Le marquis de Breauté, d'après Boury, in-fol. Ép. superbe.

443 **Gantrel**. Louis de Melun, prince d'Espinoy, d'après Hebert, in-4. Très-belle ép.

444 **Gaultier** (Léonard). Jacques Amyot, in-4. Très-belle ép.

445 — Jeanne d'Arc à cheval, in-8. Très-belle ép.

446 — Le Père François Petit (*né à Coulommiers*), général de l'ordre de la Sainte-Trinité, in-4. Ép. superbe.

447 — Étienne Pasquier, in-fol.

448 **G. D. C.** Mademoiselle Le Gras, première supérieure de la Charité, in-8. Très-belle ép. avec marges.

449 **Godefroy**. Le Frère Côme, d'après Notté, in-4. Très-belle ép.

450 **Greuter** (J.). Robert de Melun, joli petit portrait.—Le même, par un anonyme.—Charles IX.
Henri de Lorraine, duc de Guise. — François de
Coligny, etc. 8 portraits montés sur la même
feuille.

451 **Gresy** (Eugène). J. Amyot, d'après un vitrail de
l'Eglise des Cordeliers à Paris. Dessin colorié.

452 — Françoise Robertet, femme de Tristan, marquis de Rostaing, copiée sur le portrait original
chez le marquis de Lavardin; autre portrait de
femme. 2 dessins coloriés.

453 **Grignon**. Jacques Cœur, in-fol.

454 — Ét. Chevalier, trésorier de France sous Charles VII et Louis XI, in-fol.

455 — F. de Verthamon, comte de Villemenon et
Servon, etc., in-fol.

456 **Habert**. Mathieu Feydeau, prêtre, in-4.

457 **Heyden** (Lazare Ab.). Louis, cardinal de la Va-
lette, à 28 ans. in-4. Très-belle ép.

458 **Houel**. Lancelot, comte Turpin de Crissé et
Marie-Élise-Constance de Lowendal, sa femme ;
médaillons en regard l'un de l'autre, in-4. Char-
mante pièce *extrêmement rare*.
— Le comte Turpin de Crissé seul, par An-
douart, d'après Casanova.

459 **Isac** (Jaspar). Charlotte-Catherine de La Trémouille, princesse douairière de Condé, in-8.
Rare.

460 **Joullain**. Le Tonnelier de Breteuil, marquis de
Fontenoy, in-4.

461 **Langot**. Étienne Chevalier, secrétaire des commandements des rois Charles VII et Louis XI, in-4. Très-belle ép.

462 — Christine de Suède, 1re |et superbe ép. avec la bordure blanche et avant la date 1656, au-dessous du texte à gauche de la marge du bas. — Le même portrait avec la bordure ornementée et la date 1656.

463 — Cl. Regnauldin, in-8.

464 **Larmessin** (de). Louis XIV, in-fol. Très-belle ép.

465 — Nicolas Fouquet, en pied, in-fol.

466 **Lasne** (Michel). Chevalier, 1er président de la Cour des Aides, in-4.

467 — Le cardinal de Richelieu, in-fol. sans marges.

468 **Lebeau**. Gerbier, avocat au Parlement de Paris. — Le même, par Vidal. 2 portraits in-4.

469 **Lépicié**. Pierre Grassin (*bienfaiteur de l'église Saint-Aspais de Melun*), d'après Largillière, in-fol.

470 — Le même portrait.

471 **Leroux**. Général|Lafayette en pied.—Le même, par Geille. — Caricatures et pièces relatives à Lafayette. — Edmond Lafayette. 37 pièces.

472 **Leu** (Thomas de). Henri IV, in-4. Très-belle ép. (*Manque un peu de conservation*).

473 — Henriette de Balsac, in-8. Belle ép.

474 — Louis de Lorraine, cardinal de Guise; Nogaret, duc d'Épernon, in-8. 2 portraits. Ép. faibles.

475 — Le chevalier d'Aumale, in-8, *rare*. Ép. faible.

476 — Sébastien Rouillard, historien de la ville de Melun, in-8, *rare*. Ép. superbe.

477 **Leu** (Th. de). Sébastien Rouillard, de Melun, jurisconsulte, in-4. Épreuve superbe, *extrêmement rare.*

478 — Simon Poncet, poëte, in-8, *rare.* Très-belle ép.

479 **Lochon** (René), 1656. Un fils de Nicolas Fouquet (enfant tenant une rose). In-4, *rare.*

480 — Abbé du Jard, in-fol. Très-belle ép.

481 **Maleuvre**. Jean Couturier, abbé de Saint-Pierre de Chaume, d'après Duplessis, in-fol.

482 **Masson** (Ant.). Olivier Lefèvre d'Ormesson, in-fol. Très-belle ép. tachée.

483 **Matham**. Léon XI, pape. Joli portrait in-8. Très-belle ép.

484 **Mellan**. Nicolas Fouquet, in-fol.

485 — Henri de Montmorency; François Mallier, évêque de Troyes, abbé de Saint-Pierre de Melun, in-4. 2 pièces.

486 **Merlen** (Van.). Achille de Harlay, 1er président du parlement de Paris, in-fol.

487 **Michel**. Marie-Anne Botot Dangeville, comédienne, in-fol.

488 **Montcornet**. Marguerite de Valois, 1re femme de Henri IV, petit in-4.

489 — Louis XIV, enfant; Charlotte de Montmorency; François-Henri de Montmorency; N. Fouquet, par Larmessin; Mazarin. 5 pièces.

490 — Duc et duchesse de Longueville. 3 pièces.

491 — Hubert Charpentier, prêtre du diocèse de Meaux, *né à Coulommiers.* — Le même, par un anonyme. 2 portr. in-4.

49 2**Mereau** (L.). Marguerite de Veni Darbouze de Sainte-Gertrude, abbesse et réformatrice de l'abbaye royale de Notre-Dame du Val-de-Grâce.

— La même, par Picquet.

— La même, par un anonyme. 3 pièces.

493 **Morin**. Christophe de Thou, Jacques-Auguste de Thou, par René Lochon. 2 portr. in-fol.

494 **Nanteuil**, 1655. Mazarin; — le même, d'après Van Mol. 2 pièces.

495 — Mme Bouthillier, Claude Bouthillier, par Jollain. 2 portr. in-fol.

496 — Léon Bouthillier, comte de Chavigny, in-fol.

497 — Basile Fouquet. — Le même, par un anonyme. 2 pièces.

498 — Nicolas Fouquet, R. D. 98. Superbe ép. du 1er état avec le mot *Missire* au lieu de *Messire*. *Très-rare*.

— Le même. Ep. du 5e état.

499 — Anne-Marie d'Orléans, duchesse de Nemours, in-8. (*Manque de conservation*).

500 — Jean-Antoine de Mesmes; — le même et Henri de Mesmes. par Michel Lasné; J.-J. de Mesmes, par N. Poilly; Jean-Antoine, par Thomassin; Jean-Jacques Bailly de Mesmes, par L. Cars. 6 portraits.

501 **Nicollet**. Guichard, né à Chartrette, près Melun, in-8.

502 **Pesne**. (J.). Jacques-Auguste de la Thou, in-fol. rogné sur les côtés.

503 **Petit**. Nericault-Destouches, d'après Largillière, in-4.

504 **Picart** (Et.). Jean de Ponssemothe de l'Estoille, in-fol.

505 **Pitau** (N.). Hardouin de Perefixe, archevèque de Paris, in-fol.

506 — Jacques Favier du Boulay, in-fol.

507 **Poilly**. N. Fouquet, d'ap. Lebrun, in-fol. — Le même, in-4, par un anonyme.

508 **Quenedey**. Le duc de Choiseul-Praslin, in-8, *rare*. M. de Praslin jeune (Antoine-César-Félix). 2 portraits.

509 **Quiter**. M. de Mesmes, chevalier comte d'Avaux. in-fol. à la manière noire.

510 **Roullet**. Henri et Jacques-Louis de Beringhen. (La marge du bas est coupée.) Henri de Beringhen, par B. Audran. 3 portr. in-fol.

511 **Rousselet**. Thèse dédiée à Nicolas Fouquet, avec son portrait dans la partie supérieure. Pièce en hauteur, *rare*.

512 — François Grangier de Leverdie, évêque de Tréguier, in-fol. Très-belle ép.

513 **Roussière** (de la). Michel de Castelnau; Charles de Montmorency, duc de Damville ; *vicomte de Melun*, par un anonyme. 3 portraits.

514 **Saint-Aubin** (Augustin de). Perronet, architecte, in-fol. Très-belle ép.

515 — J. Amyot, petit portrait; un autographe sur parchemin de J. Amyot, et fac-simile de son écriture.

516 **Schuppen** (Van). Louis-François Lefèvre de
Caumartin; Jean, Louis et Jacques Lefèvre de
Caumartin, par Boudan et autres; Catherine-
Madelaine de Vertamont, veuve de Louis-Fran-
çois Lefèvre de Caumartin, par Lombart. 5 por-
traits.

517 — Jean-Louis de Fromentière, in-4.

518 **Trouvain**. Pierre Rouillé, d'après Galliot, in-
fol. Ep. superbe.

519 — François-Michel de Verthamon, grand in-fol.

520 **Villain**. Pâris de Monmartel, d'après Pelletier,
petit in-fol.

521 **Vorstermann** (L.). Léopold-Guillaume, ar-
chidiacre d'Autriche, d'après Vanden Hœcke,
petit in-fol. Très-belle ép. — Le même personnage gravé par *Langot*.

522 **Wierix** (Jérôme). Marquise de Verneuil, maîtresse de Henri IV. Très-belle ép. d'un beau portrait in-fol, encadré.

523 **Wille** (J.-G.). Fouquet de Belle-Isle, d'après
Rigaud, in-fol.

524 **X...** Desrues, empoisonneur, vu de face; — le
même, vu de profil. 2 pièces.
— Marie-Louise Nicolas, femme Desrues, vue de
face; — la même, vue de profil. 2 portraits *rares*.

DIVERS

525 **Audran** (K.). Gaston-Jean-Baptiste de Renty,
seigneur de Citry, d'après Chauveau, in-4. Très-
belle ép.

526 **Bazin** (N.). Sainte Isabelle de France, sœur de saint Louis, et fondatrice de l'abbaye royale de Longchamp, d'ap. Ph. de Champagne, in-4. Très-belle ép.

527 **Bella** (Et. de la). Le Reposoir, Cartouches, 6 pièces. Très-belles ép.

528 **Borrekens**. Saint Félix de Valois, bienheureux Jean de Mata, par Van Lochon. 3 pièces.

529 **Cochin** (N.). Tentation de saint Antoine.

530 **Divers**. Abbayes, Monastères; Sancti Wandregilisi; Beccensis,—Sancti Salvatoris de Aquaria, — Sancti Clementis de Credonio; Sancti Tibery, etc. 16 pièces.

531 — Sainte Geneviève, patrone de Paris. Dessins, calques, gravures. 123 pièces.

532 — Confréries : de la Nativité de la Vierge, — de Saint-Joseph et de Sainte-Barbe. 2 pièces.

533 — La Saignée, par Bosse (sans marges) ; la Déclaration; l'Amour pressant, d'après Huet, Boulevard des Filles-du-Calvaire, Vue d'optique. 4 pièces.

534 — Figures sur bois, tirées de Livres d'Heures du commencement du xvi⁰ siècle. 6 pièces.

535 — Saints et Saintes; — Dessins, calques, gravures. 279 pièces. *Ce numéro pourra être divisé.*

536 — 3 petites vues du Pont-Neuf, par Lebas; Christ en Croix, par Wierix; la Dame réformée, etc. 19 pièces.

537 — Vue d'un ancien Monument dont une partie
est en ruines. Dessin colorié à plusieurs tons.

538 — Compte de dépenses de la construction du
château de Gaillon. Atlas. 16 planches. *Paris,
imp. nationale,* 1851 ; in-fol.

539 **Faulte**. Les Fêtes des 12 mois de l'année. 12
pièces.

540 **Fornazeris**. Marie de Médicis tenant une
corne d'abondance, in-4. Très-belle ép.

541 **Gaultier** (Léonard). Saint Louis, roi de France.
— Le même, tiré sur sa figure en or, conservée
dans le Trésor de la Sainte-Chapelle de Paris,
gravé par un anonyme.
— Le même Saint, par Boullanger, David, Huret,
etc. En tout, 7 pièces.

542 **Gaultier** (Léonard) et autres. Titres avec portraits de Henri IV ; entre autres Henri IV assis,
entouré des Membres de sa famille, gravé par J.
Isac ; Louis XIII, par J. Picart, etc. 10 pièces.

543 **Hopfer** (Daniel). Le Jugement dernier.

544 **Isac** (Jaspar). L'Écuyer à la mode (époque
Louis XIII).

545 **Lepautre**. Petit cartouche renfermant une
vue de Paris ; dans le haut, saint Denis portant
sa tête.

546 **Leu** (Th. de). Louis XIII, enfant, ovale en hauteur, in-8, rogné autour de l'ovale. Très-belle
ép.

547 **Montaigne** (N. de P.). Sainte Geneviève pa-
tronne des Parisiens, d'après Ph. de Champagne.
Ep. superbe.

548 **Photographie**. La Vierge et l'Enfant Jésus,
d'après le tableau de J. Fouquet.

549 **Tiepolo** (Dominique). Martyre de saint Etienne.
Très-belle ép.

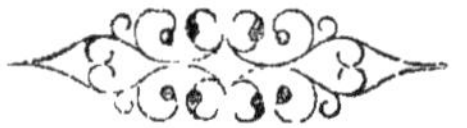

Renou et Maulde, imprimeurs de la Compagnie des Commissaires-Priseurs,
rue de Rivoli, 144   10465

www.ingramcontent.com/pod-product-compliance
Ingram Content Group UK Ltd.
Pitfield, Milton Keynes, MK11 3LW, UK
UKHW031801170726
13836UKWH00003B/1100